Maurice HALBWACHS

La Politique Foncière

DES MUNICIPALITÉS

Prix : **15** centimes

En Dépôt

A LA LIBRAIRIE DU PARTI SOCIALISTE

16, Rue de la Corderie, 16

PARIS

1908

Maurice HALBWACHS

La Politique Foncière

DES MUNICIPALITES

Prix : **15** centimes

En Dépôt

A LA LIBRAIRIE DU PARTI SOCIALISTE

16, Rue de la Corderie, 16

PARIS

—

1908

Il y a cinquante ans, dans une grande ville
comme Paris, malgré les ruelles étroites et tor-
tueuses de la vieille cité, l'air, la verdure, les espaces libres se trouvaient distribués plus également
qu'aujourd'hui. L'enceinte étant beaucoup moins
étendue, on arrivait plus vite aux faubourgs cam-
pagnards, à la banlieue libre de bâtisses. Mais,
à l'intérieur même de la ville, les endroits plantés
d'arbres ne manquaient pas: de toutes parts, c'é-
taient les Folies, dont le souvenir ne subsiste plus
que dans le nom de quelques rues, les Enclos,
les parcs et jardins attenant aux anciens cou-
vents, larges tranchées par où l'air pur arrivait
jusqu'au centre de Paris. C'est ainsi que, d'elles-
mêmes, toutes les grandes villes s'étaient dispo-
sées et ordonnées. Malgré l'inégalité économique,
la santé, la vue des arbres et les distractions cham-
pêtres étaient demeurées un bien commun.

Qu'est-ce que la Rente foncière urbaine ?

Ce que le grand développement du capitalisme a
fait de tout cela, nous n'y insisterons point. Mais,
à mesure que se bâtissaient des maisons et des
quartiers nouveaux, chaque parcelle subsistante
acquérait une valeur croissante. Les espaces sur
lesquels des maisons s'élevaient d'année en année
représentaient plus de richesse. Les propriétaires
de vieilles maisons, en des quartiers plus ou moins
centraux, par le seul fait de l'accroissement et du

peuplement de la ville, et sans dépense ni travail de leur part, voyaient leur bien chaque année grandir. En tous pays, dans les grandes villes, le même phénomène s'est produit. A Berlin, sur la Hausvogteiplatz, en quartier d'affaires, la valeur du mètre carré du sol, qui était de 115 marks en 1865, s'élevait à 344 marks en 1880 et à 990 marks en 1895; dans les quartiers ouvriers, plus récemment construits, le mètre carré valait 56 marks en 1880 et 102 marks en 1895. A Londres, les valeurs locatives ont passé, de 1871 à 1891, de 24 à près de 40 millions de livres sterling : de ces 16 millions d'augmentation des loyers, 7 millions 5 se rapportent uniquement au sol, c'est-à-dire qu'en 20 ans la valeur en capital du sol s'est accrue d'au moins 150 millions de livres sterling. A Paris, on peut estimer que, dans le centre, le mètre carré de terrain valait de 450 à 500 francs en 1860-62, et de 900 à 1,200 francs en 1900, de 50 à 60 francs dans le XVI⁰ arrondissement en 1860-62, et 130 à 140 francs en 1898-1900.

On appelle *rente foncière urbaine* cet accroissement continu de valeur dont bénéficie le sol dans les villes. Sans doute, certains quartiers en profitent plus que d'autres, et les économistes bourgeois pourront découvrir quelques parcelles de terrain dont le prix est resté stationnaire, ou même a baissé, pour des raisons accidentelles. Mais, ce sont des exceptions. Partout où la population et l'importance des villes se sont accrues, le sol a produit une rente. Or, que cette rente soit accaparée et captée par des propriétaires habiles, que l'ensemble des citoyens en soit frustré, c'est un exemple remarquable de gain illégitime.

Le Droit des Municipalités.

Les droits de la Ville sur ces richesses, produites par elle et son développement, et aussi l'importance plus grande des règlements de voirie, de salubrité, en de telles agglomérations, semblaient des raisons suffisantes pour étendre en proportion les pouvoirs des municipalités. Presque nulle part il n'en a été tenu compte; ou bien, depuis peu de temps, c'est en Angleterre, en Allemagne et en Belgique, que les municipalités ont pu concevoir et pratiquer une politique foncière: ce n'est pas en France. Au reste, l'auraient-elles pu, qu'elles ne s'en seraient point sans doute soucié. Il faut indiquer leurs erreurs, leurs fautes, leurs tendances mauvaises: dans les cadres mêmes des lois actuelles, soit qu'elles s'abstiennent, soit qu'elles aillent jusqu'au bout de leurs droits, des municipalités socialistes ne sont pas absolument impuissantes. Mais il faut indiquer surtout quels pouvoirs nouveaux une législation socialiste devrait conférer aux municipalités, en France, pour qu'elles accomplissent utilement leur part de l'œuvre révolutionnaire totale.

Y a-t-il des raisons pour que les municipalités elles-mêmes revendiquent la richesse provenant des terrains bâtis et non bâtis dans leur enceinte ? Les propriétaires d'immeubles ou de terrains sont peut-être assimilables aux industriels et commerçants ordinaires. Pour supprimer ou limiter leurs gains, il faudrait attendre une législation générale qui nationaliserait tout un ensemble d'exploitations. Quant aux municipalités, elles n'auraient pas plus à intervenir ici que quand il s'agit de théâtres ou de grands magasins.

Mais cette thèse, que soutiendraient volontiers les intéressés, se heurte à deux faits. D'abord, l'exploitation des immeubles et la spéculation sur les terrains ne sont pas des entreprises comme les autres, parce qu'elles constituent des monopoles qui portent sur un service d'intérêt général et de première nécessité. Pas plus que les municipalités ne restent indifférentes aux variations du prix du pain, elles ne peuvent abandonner à l'arbitraire des particuliers et au jeu de la spéculation le soin de fixer le taux des loyers et les conditions du logement. Or, si, dans le prix du loyer, de 28 à 30 0/0 doit être payé à titre d'intérêts pour le terrain seul sur lequel la maison est bâtie, c'est aux municipalités qu'il appartient d'empêcher que le terrain ne hausse trop fort ou trop vite, ou que cette hausse ne se propage partout. Mais, même si la hausse est inévitable sous le régime capitaliste, les municipalités peuvent du moins en bénéficier en invoquant un second fait. C'est une tendance naturelle des propriétaires que de se considérer, comme tels, comme des individus isolés, dont les intérêts, les démarches, les biens n'entretiennent aucune relation avec ceux de la collectivité. Mais rien n'est plus faux. Il y a, entre eux et leur fortune, et les conditions, le développement de la ville, une profonde solidarité. Les propriétaires d'une rue, d'un quartier, auront beau s'ignorer mutuellement, ils profitent en commun de tout ce qui rend cette rue plus passante, de ce que le quartier se peuple d'habitants plus riches. Tous les propriétaires de Paris ont bénéficié de l'installation des gares, des vastes percées de voies nouvelles, des travaux qui ont embelli et mieux aménagé la ville. Or, tout cela est l'œuvre de la municipalité, ou bien résulte de l'activité collective de tous les habitants: c'est une richesse qu'ils ont créée, et qu'ils gardent le droit de revendiquer.

Mais sous quelles formes et à quelles occasions ?

L'Expropriation pour cause d'utilité publique et le Droit de propriété.

Ici, nous devons examiner avec une attention redoublée l'institution qu'on appelle l'expropriation pour cause d'utilité publique. Elle a constitué jusqu'ici l'essentiel de l'activité municipale en matière de fonds; bien comprise, elle serait, par les principes qu'elle pose et ses résultats, un merveilleux outil de révolution: et cependant, outre les gains scandaleux dont elle fut la source, elle a, en France particulièrement, contribué plus que toutes les théories à renforcer le caractère mystique et indéfini de la propriété. Cela tient, certainement, à ce que les Conseils municipaux, expression d'une société imbue de l'esprit capitaliste, se sont adressés, pour les opérations de grande voirie, à des hommes d'affaires, se sont pliés à leurs méthodes, ont accepté leurs principes, se sont préoccupés de leur garantir toute liberté et de respecter leurs initiatives. Dès lors, les grandes transformations des villes, au lieu d'être accomplies dans une pensée d'intérêt général, avec le souci de ne pas engager l'avenir, de ne pas renoncer à des richesses certaines, de réserver les opérations trop coûteuses, de répartir sur la masse les avantages des grands travaux, sont devenues des « affaires » de grande envergure, dont la direction et les bénéfices restaient aux constructeurs et aux financiers.

La pratique de la municipalité parisienne sous le second empire est un sujet de méditations très actuel: ce qu'elle a fait, on se prépare, sous des formes plus ou moins nettes, à le recommencer; et, dans toutes les grandes villes de France, on ne procède guère autrement. La Ville chargeait des particuliers de telle ou telle opération; c'est l'entrepreneur qui expropriait, réglait les indemnités, payait les travaux. En échange, la Ville lui abandonnait d'abord les terrains en bordure des voies nouvelles qu'il avait fallu exproprier; elle lui votait, en outre, une subvention. Mais, par là, le jeu même de l'expropriation se trouvait vicié à fond. Les membres du jury chargé de fixer l'indemnité, propriétaires et commerçants notables chez qui le respect de la propriété était à coup sûr une religion, n'avaient pas à trancher apparemment entre le possesseur de la maison expropriée et la Ville, mais entre celui-là et un entrepreneur qui cherchait à gagner. — Voici un cas où la transformation d'une opération d'intérêt général en une affaire privée apparaît en pleine clarté.

En 1880, Berryer plaide pour M. Didier, député, propriétaire exproprié d'une maison au coin de la rue de la Paix et du boulevard des Capucines, en face l'Opéra. « L'expropriation, dit-il, n'est pas une vente, ni un contrat. Ce n'est pas un prix qu'il faut payer, c'est une indemnité qui compensera tous les dommages, toutes les pertes de l'avenir. Il n'y a là aucune utilité publique. Je ne vois que des spéculateurs voulant faire, au préjudice des propriétaires, des bénéfices immenses ». M. Didier déclare : « Ils me privent de mes espérances, me chassent de ma propriété et m'enlèvent le bien de mes pères ». « La Société Petit et Berlier, ajoute Berryer, ne s'est pas engagée dans une pareille affaire sans y poursuivre son intérêt. Je sais que, dans l'opération de la rue de Rennes, la Société expropriatrice a gagné 12 millions de francs ». Que pensaient les membres du jury, quand ils voyaient apparaître à titre d'expropriants des Sociétés éphémères, fondées en vue du gain à retirer de l'opération, des maisons de banque, ou même de simples aventuriers ? Que les propriétaires eussent leur part des bénéfices de l'affaire, cela était à leurs yeux parfaitement loyal.

Quand même ils se fussent mieux aperçu que l'argent sortait en définitive des caisses de la Ville, les arguments des expropriés les auraient ébranlés. Ceux-ci, non sans habileté, réussissaient à confondre deux réalités bien distinctes. D'une part, ils insistaient sur l'importance des avantages dont ils se trouvaient privés : un immeuble, dans une ville, peut, d'une année à l'autre, augmenter énormément de valeur ; qu'une voie nouvelle amène dans le voisinage un courant de population plus intense, qu'un grand magasin s'ouvre à proximité, son prix croît très vite ; sans doute, ces perspectives sont incertaines, mais rien n'indique qu'elles ne se réaliseront pas : l'immeuble ou le terrain est ici comme un billet de loterie : chacun peut prétendre gagner. Et si l'on objecte qu'un tel jeu est immoral, que de tels gains prélevés sur la richesse commune ne sont pas légitimes, l'exproprié saute à une autre idée. Cette maison, c'est le bien de mes pères. Depuis que je la possède, je m'y suis accoutumé. J'aime ce quartier. J'ai là mes habitudes. C'est la corde sentimentale qui, cette fois, vibre. Les jurés ne réfléchissent pas qu'une maison où l'on est ainsi attaché est distincte d'un immeuble qu'on loue, qu'il n'y a pas lieu de s'attendrir sur le manque à gagner d'un propriétaire. La propriété est sacrée.

En réalité, la loi sur l'expropriation, de 1841, paraît s'être rapportée à de tout autres cas, dans la pensée de ses auteurs, qu'aux expropriations urbaines. Il ne faut pas oublier que c'est au moment où l'on commençait à construire les chemins de fer qu'elle a été élaborée. Il a paru commode de l'appliquer telle quelle aux expropriations dans les grandes villes. Mais on ne peut admettre que, conçue pour de tels objets, elle n'eût point établi certaines distinctions.

On ne saurait confondre, en effet, des tracés de voie dans des quartiers riches ou en plein essor, effectués souvent en vue d'embellir une région centrale et d'y attirer plus de passants, et les percées en quartiers pauvres, qui jettent bas des masures, et visent surtout à assainir et à purifier. Il serait conforme à l'intérêt général et à la justice d'établir, dans chacun de ces cas, des règles propres.

L'Expropriation dans les Quartiers riches.

On a décidé, par exemple, de prolonger le boulevard Haussmann. L'opération coûtera beaucoup de millions, car il s'agit d'abattre des immeubles très épais et élevés, en plein rapport, dans le quartier de l'Opéra. Va-t-on encore se livrer au petit jeu classique ? L'expropriant, dans le cas ci-dessus, offrait le prix réel de la maison, plus une indemnité modérée, soit, au total, 1,740,000 francs; l'exproprié demandait, simplement, 3,931,950 francs (pour ne pas dire 4 millions): le jury lui alloua 2,300,000 francs. Il est trop visible que l'écart de l'offre et de la demande n'exprimait rien autre que les exigences illimitées du propriétaire. Il est trop visible aussi que le jury, tout en tenant compte de l'exagération flagrante, s'est laissé impressionner par le chiffre élevé de la demande. Dans ces conditions, les arrangements à l'amiable, qui devaient être la règle, sont devenus vite l'exception. Mais est-ce bien la Ville tout entière qui doit supporter les frais de travaux dont un nombre limité de propriétaires, de commerçants, de grands magasins, profiteront seuls ou presque ?

Pour remédier à de tels abus, il n'est même pas nécessaire d'imaginer de nouvelles mesures. Une loi de 1865 sur les associations syndicales, modifiée en 1888, dit que les propriétaires d'une région où des travaux urgents et d'intérêt général s'imposent, pourront constituer des syndicats: pour les travaux d'assainissement dans les villes et les bourgs, d'ouverture, d'élargissement, de prolongement des voies publiques, il suffit que les trois quarts des intéressés, représentant plus des deux tiers de la superficie et payant les deux tiers de l'impôt foncier, décident de constituer un tel syndicat, pour que les autres soient obligés d'y adhérer, et de payer leur part des dépenses. Cette loi est sans doute d'une application difficile: la décision de la majorité des intéressés devrait suffire; d'autre part, la municipalité aurait le devoir de convoquer d'avance les propriétaires, de leur expliquer l'utilité de l'entreprise, de leur promettre une subvention. Il y aurait avantage à exiger ainsi d'avance des propriétaires une cotisation qui couvrirait une partie des dépenses. Leur réclamer après coup une part de la plus-value de leurs terrains ou de leurs maisons serait bien moins aisé. Au reste, s'ils n'étaient pas assurés que la Ville prendra tous les frais à sa charge, ils seraient bien obligés de fixer leur contribution.

L'Expropriation dans les Quartiers ouvriers.

Le rôle des municipalités devient essentiel, quand les travaux répondent véritablement à un intérêt général. Il en est ainsi lorsqu'on décide de démolir tout un ensemble de maisons insalubres, de faire table rase d'un quartier vieux et malsain. En Allemagne, à Hambourg en particulier, après l'épidémie de choléra de 1892, et en Saxe, mais surtout en Angleterre, l'action des municipalités s'est exercée en ce sens. En France, cela a toujours été, et c'est encore, une considération accessoire. Sans doute, en fait, un grand nombre de voies nouvelles sont bien tracées à travers de vieux quartiers, et entraînent la disparition de séries de masures. Mais on ne se préoccupe pas directement, même alors, d'améliorer ainsi les conditions du logement: les bâtisses humides et branlantes qui ne se trouvaient pas sur le tracé même de la voie, mais à proximité, subsistent, comme des témoins; on a cherché surtout à réaliser une opération qui, ici, coûtait moins cher, ou encore à embellir certaines régions: mais, derrière les façades monumentales et neuves, rien souvent n'est changé. Ainsi s'explique qu'on ait traité les propriétaires expropriés de ces maisons délabrées comme des propriétaires ordinaires, qu'on leur ait réglé des indemnités aussi larges; et cependant, le cas est tout autre.

En Angleterre, on s'en est bien aperçu. On a procédé très différemment, parce qu'on a posé quelques principes élémentaires de justice, et qu'on ne s'en est point laissé imposer par des arguments audacieux.

Le County Council de Londres a été autorisé, par la loi, à faire disparaître tous les bâtiments, dans des zônes entières « où les maisons sont si mal construites qu'on ne peut les réparer, et si mal placées l'une par rapport à l'autre, qu'il est nécessaire, pour les remettre en état, de les démolir et de les reconstruire ». A cet effet, « un plan est arrêté, indiquant la zône en question, où on peut comprendre des terrains voisins nécessaires pour que le plan soit propre à des constructions salubres ». Et alors, voici comment on exproprie:

s'il n'y a pas entente entre le propriétaire et le
Conseil, *un arbitre est nommé par le Secrétaire
d'Etat* ; celui-ci, après enquête, fixe le prix à payer,
mais en s'appuyant, de façon directe et exclusive,
sur la valeur exacte, « the fair market value », des
terrains au moment considéré, sur la nature et les
conditions de la propriété, sur la durée probable
des édifices. *Aucune indemnité supplémentaire
n'est attribuée sous le prétexte que la vente est
forcée, qu'il y a expropriation.* Bien plus: les propriétaires ne reçoivent pas une indemnité égale à
celle qu'ils auraient eue si leur maison avait été
en bon état, mais *on retranche du prix toutes les
dépenses qui auraient été nécessaires pour la réparer* ou même en modifier l'aménagement; si la
maison ne pouvait d'aucune façon être améliorée,
l'indemnité comprend seulement le prix du terrain
et le prix des matériaux. Cette législation est tout
à fait remarquable: elle n'admet pas un instant
que le propriétaire soit maître chez lui. Il n'est nul-
lement libre de mettre en location des pièces insalubres, ni de ne point réparer sa maison et de ne
point la modifier quand sa disposition est incom-
mode. S'il ne veut ou ne peut se soumettre à ces
prescriptions, la Ville reprend le terrain en lui
réglant les seules dépenses faites. Quand on songe
au nombre incalculable de masures dont les propriétaires, à Paris, ont été indemnisés sur un pied
très élevé, on voit quelle économie la Ville eût
pu réaliser, sans violer aucune règle de justice,
et, surtout, sans fausser profondément le juge-
ment collectif au regard du droit de propriété.

L'accaparement de la plus-value du sol par les spéculateurs.

L'indemnité calculée en vue de compenser non seulement la perte effectivement subie, mais les chances d'un gain à venir ainsi disparues, est un véritable cadeau: la Ville est plus généreuse encore vis-à-vis d'autres propriétaires. Ceux-ci n'ont même pas l'ennui de signer des papiers, et de changer leur argent de place: ils bénéficient, sans bouger, des tracés de voie effectués à côté d'eux, sans autre peine que d'attendre la marée. Ces bénéfices sont considérables; les quelques chiffres cités ci-dessus en ont donné déjà quelque idée: en voici d'autres qui ne concernent que la France. Dans les rapports de la fameuse Compagnie Immobilière, qui, sous l'Empire, eut la haute main sur les plus importantes opérations de voirie, en 1862, on lit: « Notre Société, fondée au capital de 24 millions, a distribué en sept ans des dividendes qui se montent, au total, à 49,40 0/0 de ce capital. Le coût de nos terrains et de nos constructions s'est élevé à 120 millions, lesquels ont acquis une plus-value authentiquement reconnue de plus de 20 millions. Le dividende, en 1860, est de 10 0/0. Nous avons étendu nos opérations en contractant des emprunts ». « Nous empruntons à 3 1/4, 4, 5 et 5 1/4 0/0 et nous plaçons à 6, 7 et même 8 0/0, taux auquel nos opérations se sont constamment faites depuis 9 ans..... Les revenus des constructions élevées à Marseille dans les nouveaux quartiers [car ils opéraient aussi à Marseille] représenteront un taux encore plus élevé ». Ce n'est point nous qui le leur faisons dire. Mais voici qui est plus récent. Dans le rapport de la Société Immobilière Marseillaise de 1907, il est dit:

« la Société a réalisé des terrains pour la somme de 112,011 francs : cela diminue de 56,388 francs le coût initial de nos terrains : la différence, avec certaines déductions, soit 55,122 francs, représente le bénéfice réalisé. Le capital étant de 48,658,100 francs, le revenu net a été en 1906-07 de 2,383,500 francs, soit 49 0/0 ». A Perpignan, la Société des Remparts a rasé les fortifications et retenu les terrains : ceux-ci (152,443 mètres carrés) lui sont revenus à 16 francs le mètre carré; ceux qui ont été déjà vendus reviennent à 67 francs le mètre carré; dans l'ensemble, la Société estime que le prix moyen du mètre carré est de 30 francs, mais espère qu'ils monteront.

Dans tous ces cas, la hausse de la valeur des terrains provient directement de travaux dont l'exécution a été décidée par la Ville.

Il arrive, mais il est rare, que les spéculateurs poussent artificiellement le prix du sol : il faut, en effet, acquérir le sol voisin, en écarter les spéculateurs concurrents, ce qui coûte cher. On court d'ailleurs de gros risques : il faut être sûr de pouvoir vendre son terrain à temps. Mais, le plus souvent, on se borne à attendre la hausse. Pour en profiter le mieux, il y a plusieurs procédés : si on possède, en un quartier entièrement neuf et non bâti, un terrain étendu, on en vend d'abord les meilleures parcelles, et, quand celles-ci sont couvertes de constructions, et que la valeur des autres a haussé, on les vend à leur tour. Ou encore, on répartit le plus possible ses terrains en toutes les régions où la hausse est probable, et, comme les baisses sont rares et localisées, on gagne toujours au total. Enfin, comme la hausse met souvent quelque temps à venir, que le terrain en quartier neuf, lorsqu'il a déjà haussé, peut réserver des déboires, le mieux, disent quelques spéculateurs, est d'acquérir, en des quartiers anciens,

un terrain étendu couvert de vieilles bâtisses,
et qui se vend en réalité au prix du terrain non
bâti, et d'attendre; grâce aux loyers, même bas, le
capital reçoit toujours un intérêt; et une plus-
value, même faible, réalisée sur un vaste espace,
devient, au total, importante.

Les Municipalités socialistes ne détruiront point la plus-value, mais la revendiqueront.

Tous ces spéculateurs profitent d'un phénomène
général, *la plus-value du sol.* Ce phénomène est
naturel : il exprime simplement la différence de
valeur des divers emplacements. Sans doute, dans
la mesure où le haut prix du sol entraîne une
augmentation excessive des loyers ouvriers, ce
phénomène a des conséquences mauvaises, et les
municipalités socialistes doivent intervenir. Mais
il y a locataires et locataires. La Ville n'a pas à
protéger les locataires riches contre les exigences
des propriétaires. Il est naturel, équitable que les
bourgeois aisés paient cher, et de plus en plus
cher, l'avantage d'habiter en des quartiers de luxe
et d'élégance, et surtout en des quartiers qui les
posent.

Surtout, cette valeur plus grande de certains
quartiers, de quelques situations, c'est une richesse
incontestable; or, de pareilles richesses, le Socialisme n'en détruira aucune. Hypocritement ses
adversaires lui attribuent le dessein barbare de
niveler par en bas toutes les valeurs, et d'anéantir
certains biens afin d'empêcher que quelques privi-
légiés en profitent seuls. Aucune doctrine, au contraire, ne témoigne un respect plus grand pour

toutes les conquêtes de la culture, du progrès, pour les richesses qui ont leur source dans une vie sociale plus intense. Mais il est naturel aussi, et conforme aux principes de notre Parti, que la Ville revendique pour la collectivité la propriété de pareilles richesses, qu'elle se préoccupe de socialiser ce « moyen de production » comme les autres.

1º La reprise de la plus-value par l'impôt

Le meilleur moyen d'y parvenir est-il donc de confisquer régulièrement une part de la plus-value ? C'est, à vrai dire, le seul où l'on puisse s'arrêter, sous le régime actuel.

En France, jusqu'en 1900, le terrain à bâtir payait un impôt égal à celui que supportaient les meilleures terres de culture, c'est-à-dire insignifiant. A partir de cette date, il a été taxé à raison de 0 fr. 50 0/0 : c'est un impôt encore infime. Il y aurait lieu de profiter de ce que les Villes sont en mesure d'établir leur cadastre avec une exactitude très approchée, de déterminer de période en période, très rigoureusement, la valeur des fonds et des bâtiments, et aussi de ce que les propriétaires de terrain ne peuvent pas, comme au cas des maisons, se décharger de l'impôt sur des locataires souples. C'est ce que les Allemands ont compris, au moins dans leur colonie de Kiao-Tchéou. Là, on perçoit 2 0/0 à chaque vente de fonds, plus 33 1/2 0/0 de l'augmentation du prix d'une vente à l'autre. Les fonds qui restent 25 ans dans la même main paient les mêmes 33 1/2 0/0. En outre, le gouvernement a un droit de préférence sur chaque aliénation, et lève un impôt de 0,6 0/0 sur la valeur estimative de chaque fonds.

Pour appliquer de pareilles mesures en France, il suffirait d'obéir strictement à la loi du 17 septembre 1807. Napoléon en prenait à son aise avec la plus-value. L'article 30 de cette loi dit ceci : « Lorsque, par l'ouverture de nouvelles rues, par la formation de places nouvelles, par la construction de quais ou par tous autres travaux publics généraux, départementaux ou communaux, ordonnés ou approuvés par le gouvernement, des propriétés privées auront acquis une notable augmentation de valeur, ces propriétés pourront être chargées de payer une indemnité qui pourra s'élever jusqu'à la valeur de la moitié des avantages qu'elles auront acquis. »

Cette loi est si peu un mythe qu'elle a fonctionné à Paris sous la Restauration, et que, de temps en temps, un exproprié se voit refuser une indemnité, sous prétexte que la partie restante de sa propriété bénéficie d'une plus-value. Il faut d'ailleurs qu'on ne puisse pas faire autrement. Mais cela suffit pour montrer qu'ici, ce qui manque, ce n'est pas une loi, mais un gouvernement qui l'applique.

2⁰ La reprise des immeubles et le bail emphythéotique dans les quartiers riches

Mais un prélèvement de cette sorte, comme tout impôt souvent et nettement senti, exaspérerait les propriétaires ; ils crieraient à l'inquisition, à la spoliation ; ils profiteraient de ce que la valeur du fonds paraît se perdre dans la valeur du bâtiment, de ce que la plus-value du sol, dès lors, n'apparaît point immédiatement, pour s'insurger contre des lois d'exception. Le socialisme doit saisir la richesse au moment où elle se forme, et non

après; et la supériorité de ses solutions apparaît,
ici encore. On ne peut admettre que des emplacements appelés à bénéficier de plus en plus de la
faveur du public par suite de l'accroissement de
la ville, que des terrains, dont la valeur se trouve
hausser par l'action de l'ensemble des citoyens,
aient été concédés à perpétuité à leurs actuels détenteurs. La Ville se trouve ici, vis-à-vis d'un
groupe de propriétés (celles qui acquièrent une
plus-value continue et excessive) exactement dans
la même situation que la Révolution et la Répu-
blique vis-à-vis des biens de main-morte : elle
est en droit d'invoquer l'intérêt public. Elle ne
procèdera point brutalement. Le socialisme ne
respecte pas tous les droits acquis, mais il tient
compte des convictions et des croyances actuelles,
et c'est par gradations qu'en même temps qu'il
limite les droits particuliers, il fait comprendre de
mieux en mieux, à leurs détenteurs eux-mêmes,
leur fragilité et leur inconsistance.

Donc, toutes les fois que la Ville vendra du terrain, elle n'en abandonnera plus la pleine propriété. Elle le cèdera *à bail emphythéotique*. Ce
bail à long terme est pratiqué depuis longtemps
en Angleterre. Les quelques grands propriétaires
qui se partagent le sol de Londres cèdent un
terrain à ceux qui veulent y édifier une maison,
moyennant une redevance annuelle, et pour une
durée de 99 ans, au terme desquels ils rentrent en
possession de la surface et de la superstructure. Cet
exemple a été suivi, en France, en particulier à
Lyon : les Hospices de cette ville possédaient de
vastes terrains sur l'emplacement actuel du quartier des Brotteaux ; ils en vendirent une faible
partie, et cédèrent tout le reste à bail emphythéotique, en vue de ne pas renoncer à leur accroissement certain de valeur. Au moment où le bail est
renouvelé, on tient compte de la plus-value réali-

sée dans le calcul de la redevance annuelle. C'est un moyen, pour la Ville, d'augmenter lentement ses ressources.

Quant aux immeubles déjà vendus depuis long-temps, à toutes ces maisons de rapport situées en bordure des plus belles voies, et qui entrent pour une telle part dans le patrimoine des bourgeois riches, c'est en s'inspirant des mêmes principes que la Ville doit peu à peu poursuivre leur reprise. Il faudra que la législation socialiste lui réserve d'abord un droit de préférence, lorsque de tels immeubles seront mis en vente. De même, lorsque les immeubles changent de propriétaire pour cause de décès, la Ville aura le droit de reprendre l'immeuble contre paiement d'une indemnité égale à sa valeur. Ainsi, peu à peu, le propriétaire d'immeuble se trouvera assimilé au propriétaire d'une rente que l'Etat peut convertir, ou encore à l'actionnaire d'une Compagnie de chemin de fer que l'Etat rachète et qui, en échange de son action, reçoit sa valeur en argent. Il suffit ici, sans faire intervenir de nouveaux principes de droit, d'appliquer à de nouvelles espèces des procédures acceptées ailleurs sans difficulté : les cas étant très semblables, cette extension est entièrement légitime.

On devra aller plus loin. Il faut prévoir que la Ville ne pourra pas user toujours de son privilège, que, d'ailleurs, l'on vendra moins. Dès maintenant la Ville pourra fixer un délai, mettons cinquante ans, au terme desquels elle pourra user du droit de racheter les fonds ou les immeubles; elle pourra d'ailleurs commencer aussitôt à payer au proprié-taire, par annuités, le prix de l'immeuble; l'an-nuité sera une fraction, mettons un cinquantième, du prix calculé d'après le dernier prix de vente, ou d'après la dernière évaluation cadastrale; à mesure que les annuités lui seront versées, le propriétaire devra payer une redevance pour la partie de l'immeuble dont il ne sera plus propriétaire, mais dont il gardera la disposition. Une telle méthode offrira au moins deux avantages; la Ville pourra échelonner ses paiements sur un grand nombre d'années; d'autre part le propriétaire ne sera exproprié que très progressivement.

Quant aux sommes nécessaires à cet effet, la Ville se les procurera par des emprunts, gagés sur les immeubles eux-mêmes, et dont elle paiera l'intérêt et assurera l'amortissement à l'aide des nouveaux revenus à provenir de ces immeubles. Il pourra d'ailleurs être de l'intérêt de la Ville, tant qu'elle opèrera ces rachats, de laisser les fonds à bail emphythéotique, au lieu de les gérer elle-même.

3° La limitation des loyers en quartiers ouvriers

Nous avons parlé jusqu'ici des quartiers riches, des immeubles qui bénéficient de la plus grosse part de la plus-value. Quant aux autres maisons, habitées par des ouvriers surtout, des artisans, des petits employés, il convient moins à la Ville, au moins pour le moment, de les racheter, que d'en soumettre l'exploitation à une surveillance et à des règlements très minutieux. Laissons de côté ici tout ce qui concerne la disposition de ces maisons, leur hygiène : n'envisageons pas non plus la Ville comme constructeur de maisons ouvrières. Mais la plus-value, pour être moins forte ici, reste quand même effective et excessive; les loyers ouvriers sont trop élevés, et haussent sans cesse. Ici, on atteindra la plus-value en fixant un maximum du loyer pour chaque quartier ou chaque sorte d'habitation.

Le County Council de Londres a dû résoudre un problème de ce genre. Dès 1875, la loi, qui donnait aux municipalités le pouvoir de démolir des zônes entières occupées par des maisons insalubres, les obligeait à assurer des logements convenables pour au moins autant d'ouvriers qu'il en serait déplacé par ces démolitions, autant que possible dans la zône même ou dans son voisinage. Le Metropolïtan board of works, qui précéda le Council dans ces attributions, vendait à cet effet le terrain disponible avec obligation pour le propriétaire d'y élever des maisons ouvrières. Mais comme ces maisons devaient représenter, comme rapport, moins d'un cinquième de la valeur des maisons primitives, et que le terrain se trouvait situé en des quartiers assez centraux, à Westminster par exemple, cette clause écartait les acheteurs. Le County Council, qui reprit cette œuvre en 1888, se décida, au contraire, en certains cas, à bâtir lui-même des maisons; mais surtout, il obtint le droit de vendre, à son prix commercial, le terrain à prix élevé qui provenaït des démolitions, et d'acquérir du terrain beaucoup moins cher, soit en d'autres quartiers de Londres, soit même, en vertu de l'Act de 1900, en dehors des limites du Comté, pour y élever ou y faire élever de telles maisons(1). Il n'y a aucune limitation à ce pouvoir d'achat, tant qu'il est exercé conformément aux prescriptions et pour l'objet déterminé dans la loi. Et il n'y a pas obligation de revendre, sauf au cas où le terrain ne paraît pas nécessaire pour

---

(1) Le terrain ainsi acheté à Londres revenait à un sixième ou un dixième du prix du terrain ancien sur lequel on voulait d'abord bâtir.

cet objet : même alors, le Local Government Board peut dispenser de cette obligation. Ce terrain peut toujours être acquis par expropriation, moyennant sa valeur réelle, plus 10 0/0 comme indemnité de dépossession.

En 1907, le County Council avait dépensé, pour assainir des zônes insalubres, 1,068,451 livres sterlings, soit plus de 25 millions de francs, et en achat de terrains et construction de maisons ouvrières, 3,235,608 livres sterlings, soit plus de 80 millions.

Cette expérience est, certes, très émouvante. Le County Council, à travers des tâtonnements, après des échecs partiels dont nos économistes ont tiré bruyamment parti pour condamner son œuvre (comme si elle n'avait été qu'une affaire d'argent), semble avoir trouvé la bonne voie. Une municipalité socialiste ne doit pas élever des maisons ouvrières sur un sol de prix élevé : elle y perdrait trop, et n'utiliserait pas au mieux une richesse effective. Il n'est même pas indispensable que, dès maintenant, elle construise elle-même de telles maisons en des quartiers où le sol est moins cher. Elle pourra, elle devra le tenter dans la mesure du possible. Mais elle devra en tout cas exiger des propriétaires, en quartiers ouvriers, qu'ils se conforment à ses plans, et fixent les loyers à un taux tout juste rémunérateur.

La limitation des loyers est, à vrai dire, une des mesures initiales que le socialisme sera conduit à édicter : elle aura une efficacité révolutionnaire de premier ordre. En février 1871, le Gouvernement de la Commune rendit un décret qui exemptait les habitants de plusieurs termes à raison du siège : ce fut un des motifs de l'hostilité irréductible et haineuse que lui témoigna Versailles, mais aussi de sa popularité soudaine et persistante dans la classe ouvrière parisienne. L'abaissement général des loyers serait une de ces réformes dont le caractère bienfaisant et juste attacherait d'un lien de profonde solidarité tout le peuple à la Révolution.

Depuis longtemps, on cherche des moyens pratiques d'y parvenir. A Paris, l'exemption de la taxe mobilière, dont profitent les loyers inférieurs à 500 francs, est peut-être un effort dans cette direction, mais dont la Ville supporte seule les frais. On a proposé, en Autriche, d'appliquer aux propriétaires d'immeubles la loi qui fixe le taux de l'intérêt et punit l'usure : mais l'assimilation est un peu forcée, et d'ailleurs des difficultés de calcul surgiraient, et se reproduiraient à propos de chaque espèce. Il faut invoquer un principe à la fois plus précis et plus évident, savoir que, pas plus que sur les accidents et la maladie des ouvriers, on ne devrait avoir le droit de spéculer sur leurs besoins essentiels. Le Conseil municipal de Paris s'en inspirait, lorsque, à l'imitation des municipalités anglaises, il décidait en 1905 « qu'on vendrait à des prix de faveur une partie des terrains de la Ville, sous la condition que le tiers de la surface cumulée du rez-de-chaussée et des divers étages serait attribué à des logements à bon marché », que les loyers de ces logements ne dépasseraient pas 400 francs, et ne pourraient être relevés pendant une période de 25 ans. Mais, outre le caractère limité, dans l'espace comme dans le temps, d'une telle mesure, c'est sur la Ville encore que retomberait toute la dépense. Et elle n'évitera pas les railleries des hommes d'affaires et les protestations véhémentes des propriétaires concurrencés. La législation française actuelle ne permet pas d'aller au-delà.

Qu'arriverait-il, le jour où la loi autoriserait ainsi les municipalités à fixer, pour chaque quartier, un taux maximum de loyer ? Admettons qu'elle autorise même les propriétaires, dans ces conditions, à renoncer à l'exploitation de leurs maisons, et à en réclamer le prix. On peut affirmer qu'un bien petit nombre useront de ce droit, si les loyers représentent encore un intérêt rémunérateur : les maisons sont un placement sûr au moins autant que ceux où ils pourraient tirer de leurs capitaux le même intérêt. Mais pense-t-on, d'autre part, que dans ces conditions on renoncera à bâtir ? Bien au contraire. Ce qui empêche d'ordinaire qu'on bâtisse en certaines régions, c'est que la spéculation se porte ailleurs, et que toutefois le prix du sol ici reste élevé. Il se produira ce qui se produit dans l'industrie : quand un produit rapporte moins à l'unité, on tend à accroître la production quand on le peut. Or on le pourra. La limitation du taux des loyers en quartiers ouvriers entraînera un abaissement du prix des terrains. On n'aura plus, d'autre part, le même avantage à limiter le nombre des maisons. Il faut s'attendre à ce que de telles mesures entraînent une grande extension du bâtiment.

4° Les plans de ville :

l'expérience étrangère

Alors se posera en toute son étendue, aux municipalités socialistes, le problème du plan des villes. Il ne faut plus se confier au hasard, attendre de l'initiative des particuliers les progrès et les améliorations nécessaires. Les économistes bourgeois se découvrent romantiques à cette occasion : ils protestent contre la monotonie des rues qui se coupent à angle droit, contre l'esthétique des villes américaines. Mais voici des chiffres édifiants :

en Angleterre, dans les dix dernières années, les municipalités ont dépensé au total 18 millions de livres (soit 450 millions de francs) pour élargir les rues, démolir les maisons insalubres, créer des espaces libres. On estime que le quart de cette somme a été dépensé en raison d'un mauvais état dont les causes datent de plus de 30 ans. Il en résulte que les trois quarts de ces dépenses (soit 340 millions) auraient pu être épargnés aux contribuables, si les municipalités avaient à la fois disposé de pouvoirs suffisants et fait preuve d'assez de prévoyance, durant ces trente dernières années. C'est payer cher la liberté des constructeurs.

Les pouvoirs dont, en ce moment, disposent les municipalités à cet effet sont très restreints. Elles peuvent presque partout déterminer l'alignement, la largeur des rues, mais c'est peu. En Angleterre, on voudrait qu'un propriétaire qui va bâtir soit obligé d'indiquer sur le plan la disposition projetée de tous les bâtiments qu'il élèvera dans la suite, et, s'il trace une rue, qu'il indique sa position par rapport aux autres rues projetées sur son terrain ou dans le voisinage : cette obligation n'existe pas, non plus que le droit pour la Ville de modifier la direction ou la position des rues ainsi projetées. A plus forte raison, aucune municipalité n'a le pouvoir de fixer le nombre maximum des maisons à bâtir par acre. En Allemagne, on a été plus avant. En 1900, sur cent villes de plus de 30,000 habitants, cinquante déclaraient posséder un « plan de ville » s'appliquant à l'ensemble ou à la plus grande partie de la banlieue. Ce plan, il est vrai, paraît souvent se restreindre à des prescriptions sur la largeur des rues. Mais, en général, on prévoit une division plus ou moins complète des terrains à bâtir en blocs, et, souvent, on détermine la destination de ces blocs (locaux d'habitation ou de commerce, grandes ou petites maisons, pavillons indépendants ou bâtiments continus). Dans vingt-et-une de ces villes, le plan s'inspire surtout de la distinction en rues de circulation (plus larges), et rues d'habitation (moins larges). Dans trente-cinq villes, les espaces libres possédés par la ville ne peuvent être consacrés à des bâtiments publics (églises, musées, théâtres, marchés). Dans quarante-sept villes, le plan de ville prévoit, outre les plantations d'arbres sur des rues et des places, des parcs et des jardins populaires. A Munich, 5 0/0 de la superficie totale y doit être consacrée. Au nord de Berlin, la municipalité a récemment acquis des terrains considérables, pour y constituer un parc. Il est certain que le besoin d'air, de lumière, d'espace se fait en ce moment de plus en plus sentir, et que les municipalités allemandes s'efforcent de le satisfaire.

En France, à Paris en particulier, la question est à l'ordre du jour. Ce n'est pas seulement parce que la Ville a décidé d'acquérir de l'Etat le terrain à provenir des fortifications, et que l'occasion se présente d'entourer Paris d'une ceinture d'arbres et de jardins. Mais, depuis quelques années, l'évolution urbaine, par le développement des moyens de transport, est entrée dans une phase nouvelle et décisive. Le dernier tiers du XIXe siècle et les premières années du XXe auront vu la concentration croissante de la population ouvrière en des quartiers sans air et sans beauté, avec pour horizon des façades de pierre ou de grandes avenues arides et emprisonnées, vrai séjour de géhenne, où l'on perd jusqu'au souvenir des impressions de nature et jusqu'à l'instinct de la liberté. Les grands remanieurs de cités, dans cette période, se sont préoccupés surtout des régions centrales et des quartiers riches; ils y ont dépensé beaucoup de millions. On aurait pu, on peut encore, sans dépenses excessives, apporter les mêmes embellissements et procurer des avantages identiques aux autres quartiers. Pour aménager un parc et de larges esplanades bien ombragées à la place de maisons vieilles et de ruelles, il faut sans doute acheter du terrain : mais, autour du parc, en bordure des squares, une plus-value naît, qui, si la Ville se la réserve, fait plus que compenser les frais. On ne peut donc alléguer qu'il est trop tard, que la place est prise.

Mais évidemment, c'est dans la zône d'expansion des villes, là où de vastes terrains non bâtis s'étendent, que l'action des municipalités doit s'exercer. Le moment est d'ailleurs favorable. Après une période de concentration intense, les villes se décongestionnent. L'habitude se prend d'habiter loin du centre. L'ouvrier, enfermé et retenu plus longtemps à son travail que le riche, ne peut pas, à certaines périodes de l'année, aller faire provision de santé dans les villes d'eau, sur les plages, en montagne ; il faut, sa journée finie, qu'il trouve chez lui des conditions de vie saines, avec l'oubli de sa tâche. Double raison pour que les quartiers d'habitation des ouvriers aussi soient nettement séparés des quartiers de travail et d'affaires, que, si possible, des espaces libres s'étendent dans l'intervalle, où les poussières d'usine s'arrêtent, où expirent tous les bruits qui accompagnent le labeur quotidien. Entre la ville et la campagne, la distinction lentement disparaîtra. Les habitations s'éparpilleront jusqu'à rejoindre les villages, qui, de leur côté, seront vivifiés par des relations plus suivies avec le centre, par l'apport des idées et des habitudes d'hommes issus des villes. Les plans de ville indiqueront d'avance, en tenant compte de la configuration du sol et de la nature des habitants éventuels, le genre d'habitations à élever en chaque zône, les distan-

ces à ménager entre les maisons. Les municipalités se préoccuperont non seulement des ques-
tions d'hygiène, mais de l'apparence extérieure;
elle tiendront compte de la diversité des goûts
et de leur variabilité, que le socialiste Fourier dut
révéler aux économistes; les quartiers élevés suivant leurs plans n'évoqueront point, comme les
constructions bourgeoises, l'aspect de prisons et
de casernes. On commence seulement à s'aperce-
voir que la construction des villes est l'objet de
tout un art difficile et encore embryonnaire. Aux
fantaisies isolées de millionnaires par hasard bien
inspirés (telle l'œuvre du Carnegie Dumferline
trust, en Ecosse, en vue d'aménager des parcs et
jardins autour d'une ville), succédera un effort
méthodique et généralisé de transformation.

Mais les municipalités ne s'inspireront pas seulement de raisons d'esthétique ou d'hygiène. Elles
n'oublieront pas que les modes suivant lesquels
les habitants d'une ville sont distribués et grou-
pés influent beaucoup sur leurs sentiments so-
ciaux. Obligées d'accepter provisoirement la division spontanée des villes en quartiers riches et
pauvres, et d'appliquer, en matière foncière, des
règlements distincts à ces régions ainsi séparées,
elles considéreront qu'une telle opposition est pro-
visoire. Les socialistes ne nient point hypocritement l'existence des classes: mais ils ne tiennent
pas à ce qu'elles s'isolent les unes des autres
dans l'espace. Sans doute, il y aura toujours des
emplacements meilleurs que d'autres, des maisons plus aérées, plus proches des centres, des
parcs, des plus belles avenues. Sans doute aussi,
c'est là que les plus riches s'établiront de préférence. Mais il n'y aura plus, si les municipalités
le veulent, des parties compactes de la ville qui
sont comme les camps retranchés de la population bourgeoise, où celle-ci s'habitue à ignorer, à

craindre, à détester la classe ouvrière, massée à d'autres points de l'horizon, en des quartiers ou des rues où l'on ne s'aventure pas.

Conclusion.

Tout le mal vient de ce qu'on ne reconnaît pas les relations d'étroite solidarité par où tous les intérêts et toutes les régions de la ville se rattachent. L'anarchie qui résulte en général de la propriété individuelle se manifeste ici avec intensité. Ce ne sont pas les mêmes propriétaires qu'on exproprie et qui profitent des transformations de la ville. Ceux des quartiers riches se soucient peu des quartiers pauvres, et de ce qui s'y peut passer.

Les propriétaires de maisons bâties ne désirent pas que soient mis en valeur les terrains non bâtis voisins. Plusieurs propriétaires d'un même terrain ne s'entendent pas sur le tracé des rues nouvelles, et la redistribution de leurs parcelles. Les bourgeois ne s'aperçoivent pas que la misère, le manque d'air et d'espace, dans les régions pauvres de la ville, produisent la tuberculose et les maladies infectieuses qui les guettent. Les ouvriers ignorent que les quartiers riches produisent chaque année, sous forme de plus-value, les ressources nécessaires pour transformer les quartiers misérables, et que la Ville les laisse capter.

A Paris, dans le VIII\ arrondissement, le plus riche, mais non le plus grand, tout le sol (abstraction faite des bâtiments) vaut un milliard; dans le XVIII\, le XIX\ et le XX\ arrondissements *réunis,* quartiers ouvriers, mais non les plus pauvres, tout le sol, sans les bâtiments, vaut cinq cents millions. Le capital ainsi placé dans le sol produit des intérêts chaque année: tout se passe comme dans le cas de terres de fertilité inégale, dont une seule donnerait le double des produits des trois autres ensemble. Si elles étaient possédées par un même maître, relevaient d'une même administration, celle-ci n'améliorerait-elle pas les parties ingrates de son domaine, à l'aide des ressources supplémentaires du sol le mieux placé ?

Les municipalités socialistes, dès à présent, se prépareront à remplir ce rôle. Par leur effort, une politique foncière cohérente et juste prévaudra.

L'ÉMANCIPATRICE, 3, RUE DE PONDICHÉRY, PARIS (XVᵉ) — 4286-9-08.

LE SOCIALISTE

Organe central du Parti Socialiste

(SECTION FRANÇAISE DE L'INTERNATIONALE OUVRIÈRE)

Paraît tous les Samedis

Le Numéro : 10 centimes

ABONNEMENTS :

FRANCE : Trois mois, **1** fr. **50** ; Six mois, **3** francs ; Un an, **6** francs ;
ÉTRANGER : Un an, **8** francs.

ADMINISTRATION ET RÉDACTION :

Au Siège du Parti

16, Rue de la Corderie. — PARIS

LA

Librairie du Parti Socialiste

16, rue de la Corderie, PARIS (IIIe)

fait les mêmes remises que **toutes** *les autres Librairies.*

Elle est, en outre, **la seule** *librairie appartenant au Parti. Elle verse* **tous** *ses bénéfices à la propagande socialiste.*

Tous les militants ont le devoir de s'y fournir.

On y trouve tous les ouvrages parus : Volumes, chansons, insignes, coquelicots, églantines, etc., etc.

Envoi franco du Catalogue.

L'EMANCIPATRICE (Imp. Communiste), 3, rue de Pondichéry.